THE CRAZY
Full Time
CAT MOM
ELF

THE CRAZY
Full Time
CAT MOM
ELF

THE CRAZY
Full Time
CAT MOM
ELF

THE CRAZY
Full Time
CAT MOM
ELF

THE CRAZY
Full Time
CAT MOM
ELF

THE CRAZY
Full Time
CAT MOM
ELF

THE CRAZY
Full Time
CAT MOM
ELF

THE CRAZY
Full Time
CAT MOM
ELF

THE CRAZY
Full Time
CAT MOM
ELF

THE CRAZY
Full Time
CAT MOM
ELF

THE CRAZY
Full Time
CAT MOM
ELF

THE CRAZY
Full Time
CAT MOM
ELF

THE CRAZY
Full Time
CAT MOM
ELF

THE CRAZY
Full Time
CAT MOM
ELF

THE CRAZY
Full Time
CAT MOM
ELF

THE CRAZY
Full Time
CAT MOM
ELF

THE CRAZY
Full Time
CAT MOM
ELF

THE CRAZY
Full Time
CAT MOM
ELF

THE CRAZY
Full Time
CAT MOM
ELF

THE CRAZY
Full Time
CAT MOM
ELF

THE CRAZY
Full Time
CAT MOM
ELF

THE CRAZY
Full Time
CAT MOM
ELF

THE CRAZY
Full Time
CAT MOM
ELF

THE CRAZY
Full Time
CAT MOM
ELF

THE CRAZY
Full Time
CAT MOM
ELF

THE CRAZY
Full Time
CAT MOM
ELF

THE CRAZY
Full Time
CAT MOM
ELF

THE CRAZY
Full Time
CAT MOM
ELF

THE CRAZY
Full Time
CAT MOM
ELF

THE CRAZY
Full Time
CAT MOM
ELF

THE CRAZY
Full Time
CAT MOM
ELF

THE CRAZY
Full Time
CAT MOM
ELF

THE CRAZY
Full Time
CAT MOM
ELF

THE CRAZY
Full Time
CAT MOM
ELF

THE CRAZY
Full Time
CAT MOM
ELF

THE CRAZY
Full Time
CAT MOM
ELF

THE CRAZY
Full Time
CAT MOM
ELF

THE CRAZY
Full Time
CAT MOM
ELF

THE CRAZY
Full Time
CAT MOM
ELF

THE CRAZY
Full Time
CAT MOM
ELF

THE CRAZY
Full Time
CAT MOM
ELF

THE CRAZY
Full Time
CAT MOM
ELF

THE CRAZY
Full Time
CAT MOM
ELF

THE CRAZY
Full Time
CAT MOM
ELF

THE CRAZY
Full Time
CAT MOM
ELF

THE CRAZY
Full Time
CAT MOM
ELF

THE CRAZY
Full Time
CAT MOM
ELF

THE CRAZY
Full Time
CAT MOM
ELF

THE CRAZY
Full Time
CAT MOM
ELF

THE CRAZY
Full Time
CAT MOM
ELF

THE CRAZY
Full Time
CAT MOM
ELF

THE CRAZY
Full Time
CAT MOM
ELF

THE CRAZY
Full Time
CAT MOM
ELF

THE CRAZY
Full Time
CAT MOM
ELF

THE CRAZY
Full Time
CAT MOM
ELF

THE CRAZY
Full Time
CAT MOM
ELF

THE CRAZY
Full Time
CAT MOM
ELF

THE CRAZY
Full Time
CAT MOM
ELF

THE CRAZY
Full Time
CAT MOM
ELF

THE CRAZY
Full Time
CAT MOM
ELF

THE CRAZY
Full Time
CAT MOM
ELF

THE CRAZY
Full Time
CAT MOM
ELF

THE CRAZY
Full Time
CAT MOM
ELF

THE CRAZY
Full Time
CAT MOM
ELF

THE CRAZY
Full Time
CAT MOM
ELF

THE CRAZY
Full Time
CAT MOM
ELF

THE CRAZY
Full Time
CAT MOM
ELF

THE CRAZY
Full Time
CAT MOM
ELF

THE CRAZY
Full Time
CAT MOM
ELF

THE CRAZY
Full Time
CAT MOM
ELF

THE CRAZY
Full Time
CAT MOM
ELF

THE CRAZY
Full Time
CAT MOM
ELF

THE CRAZY
Full Time
CAT MOM
ELF

THE CRAZY
Full Time
CAT MOM
ELF

THE CRAZY
Full Time
CAT MOM
ELF

THE CRAZY
Full Time
CAT MOM
ELF

THE CRAZY
Full Time
CAT MOM
ELF

THE CRAZY
Full Time
CAT MOM
ELF

THE CRAZY
Full Time
CAT MOM
ELF

THE CRAZY
Full Time
CAT MOM
ELF

THE CRAZY
Full Time
CAT MOM
ELF

THE CRAZY
Full Time
CAT MOM
ELF

THE CRAZY
Full Time
CAT MOM
ELF

THE CRAZY
Full Time
CAT MOM
ELF

THE CRAZY
Full Time
CAT MOM
ELF

THE CRAZY
Full Time
CAT MOM
ELF

THE CRAZY
Full Time
CAT MOM
ELF

THE CRAZY
Full Time
CAT MOM
ELF

THE CRAZY
Full Time
CAT MOM
ELF

THE CRAZY
Full Time
CAT MOM
ELF

THE CRAZY
Full Time
CAT MOM
ELF

THE CRAZY
Full Time
CAT MOM
ELF

THE CRAZY
Full Time
CAT MOM
ELF

THE CRAZY
Full Time
CAT MOM
ELF

THE CRAZY
Full Time
CAT MOM
ELF

THE CRAZY
Full Time
CAT MOM
ELF

THE CRAZY
Full Time
CAT MOM
ELF

THE CRAZY
Full Time
CAT MOM
ELF

THE CRAZY
Full Time
CAT MOM
ELF

THE CRAZY
Full Time
CAT MOM
ELF

THE CRAZY
Full Time
CAT MOM
ELF

THE CRAZY
Full Time
CAT MOM
ELF

THE CRAZY
Full Time
CAT MOM
ELF

THE CRAZY
Full Time
CAT MOM
ELF

THE CRAZY
Full Time
CAT MOM
ELF

THE CRAZY
Full Time
CAT MOM
ELF

THE CRAZY
Full Time
CAT MOM
ELF

THE CRAZY
Full Time
CAT MOM
ELF

THE CRAZY
Full Time
CAT MOM
ELF

THE CRAZY
Full Time
CAT MOM
ELF

THE CRAZY
Full Time
CAT MOM
ELF

THE CRAZY
Full Time
CAT MOM
ELF

THE CRAZY
Full Time
CAT MOM
ELF

THE CRAZY
Full Time
CAT MOM
ELF

THE CRAZY
Full Time
CAT MOM
ELF

THE CRAZY
Full Time
CAT MOM
ELF

THE CRAZY
Full Time
CAT MOM
ELF

THE CRAZY
Full Time
CAT MOM
ELF

THE CRAZY
Full Time
CAT MOM
ELF

THE CRAZY
Full Time
CAT MOM
ELF

www.ingramcontent.com/pod-product-compliance
Lightning Source LLC
LaVergne TN
LVHW060334080526
838202LV00053B/4469